AF263112

LE 17 SEPTEMBRE

A

VERNOU

PRIX : 50 CENTIMES

(Se vend au profit de deux jeunes Orphelines)

TOURS

IMPRIMERIE NOUVELLE. — ERNEST MAZEREAU

11, PASSAGE RICHELIEU, 11

1866

LE 17 SEPTEMBRE

A

VERNOU

Le 17 septembre 1866 daterait, comme on dit ordinairement,
dans les annales de Vernou, si cette modeste localité avait le
bonheur, nous devrions dire plutôt le malheur, d'appartenir à
l'histoire, qui n'a pas souvent pour mission de transmettre à la
postérité d'aussi touchants souvenirs.

M. l'abbé Maurice, curé de la paroisse, célébrait le cinquantième
anniversaire de sa prêtrise, et le bourg, l'un des plus beaux, mais
des plus paisibles de la Touraine, avait naturellement, ce jour-là,
une animation extraordinaire.

Tous les curés du doyenné de Vouvray, dont la paroisse de
Vernou est la plus importante, après celle du chef-lieu, s'y étaient
rendus avec empressement, suivis, pour la plupart, de leurs plus
religieux et plus distingués paroissiens.

Beaucoup d'autres, prêtres et laïques, étaient venus de plus loin.

Des rares survivants de cette première génération sacerdotale
qui était comme sortie toute formée du cœur de Dieu, peu après la
restauration du culte, et qui avait servi de modèle aux générations
suivantes, un seul se trouvait là : c'était M. le doyen d'Azay-le-
Rideau, l'un des prêtres les plus estimés et les plus aimés du
diocèse. La cérémonie, du reste, le touchait d'une manière parti-
culière, car, dans quelques années, si Dieu lui prête vie, une cérémonie semblable doit avoir lieu pour lui-même.

Bien avant l'heure indiquée, l'église était à peu près remplie.
Une foule immense stationnait au dehors, n'espérant pas trouver
place dans l'intérieur de l'édifice.

A onze heures, le clergé alla processionnellement chercher celui
qui devait renouveler, d'une manière plus solennelle que jamais,
l'auguste sacrifice qu'il ne cessait d'offrir à Dieu depuis cinquante
ans.

« Cinquante ans de sacerdoce, s'écria, à cette occasion, M. le doyen de Vouvray, dans une allocution touchante qu'il lui adressa, au sortir du presbytère, quelle longue chaîne de vertus et de bonnes œuvres de tout genre qui vous rattache au Ciel!... Puisse-t-elle se prolonger encore longtemps!... Mais, quand il plaira à la divine Providence de vous ravir à notre affection, laissez-nous, du moins, cet esprit sacerdotal dont vous fûtes toujours animé, afin que, marchant sur vos traces ici-bas, nous partagions votre bonheur dans l'autre vie. »

D'un ton profondément ému, le bon curé répondit qu'il ne croyait pas mériter les éloges qui venaient de lui être adressés, mais que, dans son cœur, en ce moment inondé de joie, il ne pouvait s'empêcher de sentir les grandes consolations que le Seigneur lui avait réservées pour la fin de ses jours.

Il suivit gravement le cortége, qui le conduisit à l'église, en chantant le *Veni Creator*.

Un de ceux sur qui les regards se portaient, en ce moment, c'était son neveu, lequel, prêtre aussi, semblait le rattacher davantage à sa famille périssable de la terre, d'une part, et, d'autre part, à l'immortelle famille sacerdotale.

Parmi les personnes venues de loin, un prêtre se faisait avant tout remarquer, c'était le chanoine grand vicaire de Nice, l'excellent abbé Lavigne, qui allait, nous ne dirons pas rehausser, en soi, la cérémonie, ce n'était guère possible, mais la faire comprendre et goûter davantage, en se rendant comme l'âme de cette grande assemblée, rangée autour de la chaire évangélique, en même temps que prosternée devant les autels du Seigneur. Jamais, en effet, sa parole ne fut plus sympathique et plus puissante. Les parties dissemblables, j'ai presque dit incohérentes, dont se composait l'immense auditoire, se réunirent, dès son exorde, en un corps silencieux, immobile et comme charmé, mais, de temps en temps, s'agitant d'un même mouvement, ou respirant d'un même souffle.

Vers la fin de son discours, pendant lequel il ne cessa de montrer, d'une manière saisissante, la puissance et les bienfaits du sacerdoce, en général, de celui qu'il célébrait en particulier, après avoir appelé solennellement, sur le clergé et sur les fidèles, les bénédictions de Celui dont la main, disait-il, ne cesse de bénir, depuis cinquante ans, en différents lieux, depuis trente ans, dans la paroisse de Vernou, prenant un nouvel essor, il s'éleva, de

degré en degré, jusqu'au sommet le plus haut de cette montagne
mystérieuse, figurée sous l'ancien Testament, réalisée sous le nouveau, et qu'on appelle l'Église. Dans cette majestueuse ascension,
deux grandes figures furent présentées par lui à la contemplation
de tout l'auditoire. D'abord, celle du vénérable Archevêque de
Tours, instruisant et bénissant son diocèse ; puis, beaucoup plus
haut encore, l'incomparable figure du Père commun des fidèles,
instruisant et bénissant le monde entier. Aucun regard, cependant,
ne l'avait perdu de vue lui-même ; et on aimait à le voir là, aussi,
occupant un rang distingué parmi les plus habiles et les plus
intrépides champions du catholicisme.

D'autres voix, encore bien remarquables, mais dans un autre
genre, allaient se faire entendre. Plus accoutumées à enthousias-
mer des assemblées profanes que des assemblées religieuses, elles
n'en étaient pas moins disposées à venir rendre hommage au Très-
Haut des dons surprenants qu'elles en ont reçus. Telle est la puissance de ces voix que, par le son seulement, et sans le secours de
la pensée, elles nous ravissent aussi dans ces régions immenses où
l'âme, si la passion ne l'aveugle, ne peut manquer de rencontrer
l'infini, et, par conséquent, Dieu lui-même. A plus forte raison,
devaient-elles obtenir ce merveilleux résultat, en chantant les
divins cantiques venus du ciel pour nous y attirer.

S'il fut donné d'entendre de tels accents dans l'église de Vernou,
on le doit évidemment à l'artiste célèbre dont les parents habitent
le pays. Avec un dévouement au-dessus de tout éloge, Mme Nantier
s'était offerte elle-même à y chanter, pour la troisième fois. Un
autre artiste, également de premier ordre, Tamberlick, était venu
de loin pour l'accompagner, comme il l'avait déjà fait une fois
dans la même église, laissant de côté les recettes abondantes et les
ovations enthousiastes auxquels ces princes de l'art sont accoutu-
més, et il avait amené avec lui son beau-frère Bartholini, dont la
superbe voix fut généralement admirée.

A côté de ces talents hors ligne, deux artistes de Tours se firent
cependant remarquer. Nous voulons parler de M. Bachmann jeune,
dont l'accompagnement sur l'orgue et sur le piano ne laissa rien à
désirer, et de M. Meilhan, qui tira de son violon les sons les plus
délicieux.

Pendant la cérémonie, Mlle Marguerite de Chabrefy, conduite par
M. Meignan, maire de Vernou, fit la quête annoncée pour servir à

là restauration du vieux monument que le zélé pasteur s'efforce de rendre digne, de plus en plus, chaque jour, des grandes assemblées qu'il contient quelquefois, et principalement du culte auquel il est destiné. Cette quête ne fut guère inférieure à celles qu'on obtient ordinairement dans nos cathédrales, à de grandes solennités. C'est que, ce jour-là, l'église de Vernou s'était comme transformée, pour un instant, en petite cathédrale; c'est que l'assemblée qu'elle contenait, surtout, pouvait rivaliser avec celles qui se rencontrent dans nos plus belles églises.

Cette assemblée se trouva donc à la hauteur des grands talents qu'un heureux concours de circonstances avait réunis en ce lieu. Le talent, quel qu'il soit, est partout à sa place, sur ce bien-aimé sol de France. En quelque endroit qu'il se trouve, il n'a qu'à frapper du pied la terre, et il est immédiatement entouré de connaisseurs toujours disposés à l'écouter et à l'applaudir.

Que ne s'est-il rencontré là, également, un poète, pour peindre, en traits animés et durables, cette belle fête, avant tout religieuse, mais à laquelle le reste fut aussi donné par surcroît. On dirait même que ce fut pour la montrer dans tout son éclat, que Dieu s'est plu à dissiper, pendant qu'elle dura seulement, les nuages qui ne cessent de nous dérober sa bienfaisante lumière. A son défaut, nous allons l'entreprendre. Nous désirons toutefois mettre la faiblesse de notre travail sous la sauvegarde d'une bonne œuvre, en priant les personnes à qui nous en ferons hommage de déposer, s'il leur plaît, entre les mains de Mme Meignan, à Jallanges, ou de M. le vicaire de Vernou, une modique offrande, pour deux petites orphelines restées sans aucune sorte de ressources, à la mort de leurs parents, et que deux familles, l'une de Monnaie et l'autre de Vernou, ont bien voulu recueillir, malgré leur propre indigence.

Qu'on ne s'attende pas à retrouver ici rien de semblable à ce qui a été entendu. Quand de fortes voix viennent de frapper les cieux, il se fait, dans le lointain, une vague répétition de ce qui a été dit de plus saillant. Voilà précisément l'écho que nous reproduisons, en le fixant, à grands traits, sur le papier.

Écoute aussi mes chants, vénérable pasteur !
L'âge qui refroidit tout, excepté ton cœur,
Te disait que bientôt finirait ta carrière ;
Mais voilà qu'aujourd'hui la fervente prière
De tes nombreux amis va supplier les cieux
De prolonger longtemps ton séjour en ces lieux.
Celui qu'on appela des anciens le plus sage,
Socrate, en aucun temps, n'avait eu l'avantage
D'emplir, de vrais amis, sa modeste maison,
Qu'illuminait, pourtant, l'éclat de sa raison ;
Mais les tiens, bon pasteur, où sont-ils à cette heure ?
Regarde, de Dieu même il leur faut la demeure.

C'est qu'aussi du Seigneur ce sont de vrais amis.
Vis-à-vis de son trône, en ordre, ils se sont mis,
L'adorant, l'invoquant, et chantant ses louanges,
Se tenant comme, au ciel, on peint le chœur des anges.
Ils ne pouvaient, pour toi, demander d'heureux jours
Qu'à celui dont la main en dirige le cours.
Il veut, nous existons ; il ne veut plus, la vie
A toute créature est aussitôt ravie.
Par lui, ce gouffre affreux qu'on appelle la mort
Du suprême bonheur est le tranquille port.
Au feu de son amour, tout, jusqu'à la vieillesse,
Se ranime et devient l'éternelle jeunesse.

Ses grâces, aujourd'hui, priant dans le saint lieu,
Ils vont, en ta faveur, les demander à Dieu.
Mais pourquoi s'arrêter aux choses de la terre,
Quand nous avons surtout à parler d'un mystère
Beaucoup plus élevé, celui que le Sauveur
Accomplit, quand, aux siens, il accorda l'honneur
De le représenter. Sous la faiblesse humaine,
En vain il se cacha, la grandeur souveraine
Apparut en tout temps. Sacerdoce éternel,
Que nos yeux étonnés contemplent à l'autel.
Dis-nous quel est ton nom? — Jésus. — Ton origine?
— Son cœur.— Et ton pouvoir?— La puissance divine.

Dans tes bras tout puissants, tu prends l'humanité,
Pour la remettre pure à la Divinité.
De l'espace et du temps franchissant les distances,
Au ciel, comme un géant, d'un seul bond, tu t'élances.
En vain, l'enfer s'agite, il se trouble, il frémit,
En vain, te poursuivant de ses traits, il te dit :
« Cesse de triompher; c'est à mon tour, arrête! »
Sans te courber, plus haut, tu redresses la tête.
Plus méchant quelquefois, l'implacable bourreau
Te menace, en disant : « Christ, rentre au tombeau! »
Alors, tu le bénis ; bientôt, en lui, tout change :
C'était un vrai démon ; désormais c'est un ange.

L'homme existe avec toi, sacerdoce chrétien.

Comme le mal, en lui, nous voyons donc le bien.

Quand ce bien, qui souvent disparaît comme un songe,

Cinquante ans, par faveur, comme ici, se prolonge,

Remettant sous nos yeux les sublimes vertus

Qu'aima, pendant sa vie, à pratiquer Jésus,

Qu'il aime à voir encor pratiquer sur la terre,

Par ceux qu'il a chargés de son saint ministère :

L'ardent amour de Dieu, la douce charité,

Le noble dévouement, dans la simplicité...

Quel titre, dans le ciel, à l'immortelle gloire !

L'ange, au livre de vie, en garde la mémoire..

De la chaire sacrée éloquent orateur,

Illustre abbé Lavigne, élève à la hauteur

D'un saint enseignement, cette touchante page,

Que ton souffle inspiré l'emporte, d'âge en âge ;

Dans les champs inconnus de la postérité.

Ce talent supérieur ne sera limité,

Dans le temps, croyons-nous, pas plus que dans l'espace.

Limité ! Comment donc ? Dis-nous quel cercle enlace

Les lumineux sillons que trace, dans les airs,

Le feu mystérieux des rapides éclairs ?

Ta parole est l'éclair, d'une nature sainte,

Qui toujours brille aux yeux, sans inspirer la crainte.

Et vous, princes de l'art, vous voilà revenus!
Ni l'or, ni les palais, ne vous ont retenus.
Entrez dans le saint lieu. C'est ici la demeure
De celui qui veut bien écouter, à toute heure,
La prière et les vœux du plus humble mortel,
Et les porter ensuite aux pieds de l'Éternel.
En lui, recueillez-vous, et, de vos voix magiques,
Chantez, avec amour, les sublimes cantiques
Qui montent jusqu'aux cieux. Alors, la piété,
Appelant, dans les cœurs, sa sœur, la charité,
Ornera de nouveau le sacré tabernacle
Où toujours de son Dieu l'homme écoute l'oracle.

*

Vous, surtout, habitants de l'antique Vernou,
Aimez ce temple saint; fléchissez le genou
Devant sa majesté. C'est là que la jeunesse
Doit venir écouter la voix de la sagesse.
De ce nouveau Joseph, veillant près de Jésus,
Recueillez les avis, imitez les vertus.
Pour lui, jusqu'à la fin, il vous sera fidèle.
Si la force cessait de répondre à son zèle,
Faisant, comme saint Jean, le résumé des lois,
Il vous dirait, du moins, de sa tremblante voix :
« Aimez-vous, mes enfants, c'est la vertu suprême.
« En aimant le prochain, vous aimez Dieu lui-même. »

Tours. — Imprimerie nouvelle. — E. Mazereau, passage Richelieu, 14.

www.ingramcontent.com/pod-product-compliance
Lightning Source LLC
Chambersburg PA
CBHW050725070726
47597CB00009B/3794